Técnicas Profesionales

De Venta

Texto – 2013

Nelson Urán

Todos los derechos reservados

Diseño de portada

Yodalis cruz

Agradecimientos:

A mis Hijas Carolina, Valentina, Agustina y Silvina, que siempre han creído en mí.

A mi compañera incondicional Yodalis por brindarme su apoyo, ayuda y paciencia.

Una persona que utiliza sus manos en su trabajo, es un obrero.

Una persona que utiliza sus manos y las complementa con su inteligencia, es un artesano.

Una persona que utiliza sus manos, su inteligencia y con su corazón le pone pasión, es un artista.

Y quien utiliza sus manos, su inteligencia, su corazón y añade dos piernas es "UN VENDEDOR "

Introducción

He decidido escribir este libro porque con el paso de los años, no he podido dejar de analizar los diferentes vendedores que se van cruzando en mi camino.

Desde el que me vende un café en un bar, que solamente vende lo que le compran o le piden, o el que robotizado en una cadena de comida rápida me ofrece por un euro más, una ración de patatas más grande o un combo con más productos, hasta algún súper profesional de la venta de seguros.

Lo que he podido percibir es que la mayoría nunca tomo un curso de ventas.

Los que trabajan en compañías de cierto prestigio tienen una formación bastante aceptable, pero los que trabajan para empresas pequeñas, o son autos empleados, carecen de técnica ejecutiva en el ámbito de ventas.

Con esto no quiero criticar a nadie ya que el concepto de vendedor se ha ido transformando con el paso del tiempo.

Antiguamente un buen vendedor era el que tenía buena presencia y hablaba mucho y las empresas tenían otro concepto del mercado y solo querían colocar productos.

Con el pasar de los años las empresas se han dado cuenta que tienen que ganar un cliente para toda la vida y no solo colocar productos y los vendedores deben escuchar más de lo que hablan.

Para eso tenemos dos orejas y una boca.

Tampoco son culpables los vendedores de algunas empresas, donde comienzan a trabajar y nunca se les capacita, solamente van aprendiendo de la experiencia pero desconocen la técnica.

La filosofía de venta de una empresa hoy día debe ser la de Ganar-Ganar, la empresa gana cuando vende y el cliente también debe ganar con la compra de su producto.

El vender requiere de una técnica precisa, que se debe aprender, entrenar e incorporar para poder aplicarla de forma natural.

En este aspecto se puede comparar casi a todos los deportes.

Técnica + Entrenamiento = Resultados

Tomemos como ejemplo el tenis o el golf que son deportes que requieren de mucha técnica para ser bien jugados.

Los grandes jugadores deben aprender una técnica específica, la deben entrenar, incorporar y luego se aplica inconscientemente, casi sin pensar.

En la venta es exactamente igual.

Les contare una experiencia personal con el tenis.

Yo practiqué tenis durante ocho años y nunca fui a clases y nunca aprendí la técnica.

Conclusión: llegue a un nivel medio y me estanque, y cuando daba un revés o un drive perfecto y lo quería repetir, no sabía cómo lo había hecho.

En el momento de ese golpe por casualidad, las piernas estaban en posición correcta al igual que el brazo y muñeca, le daba a la pelota a la altura exacta, etc.

El problema es que cuando lo quería repetir, no sabía cómo lo había hecho.

Que quiero decir con esto, sin duda, alguna vez algo puedes vender, quizás has hecho una pregunta de cierre sin saberlo, en el preciso momento, pero no lo podrás repetir y te perderás muchas ventas.

En este sencillo manual de técnicas profesionales de venta tratare de enseñarte todo el proceso de la venta y si lo lees atentamente y lo pones en práctica, veras los resultados muy rápido.

Esto no es magia, simplemente vender requiere de una técnica y si lo practicas seguro obtendrás buenos resultados a corto plazo.

Hay algo muy importante que hay que tener en cuenta: Todas las herramientas funcionan si se llevan a la práctica, se pueden saber de memoria este libro pero si no se lleva a la práctica no hay posibilidades de triunfar.

Capítulo 1

Características de un vendedor

A – Motivación

La motivación es muy importante en un vendedor. Un vendedor motivado genera confianza en el cliente y resiste mejor los posibles "NO" a los que deberá enfrentarse a lo largo del día.

B – Prolijidad y Buenas maneras

Un buen vendedor cuida mucho su apariencia, sabe que a veces no hay una segunda oportunidad para causar una buena impresión.

C – Puntualidad

Ser puntual es primordial para poder vender. Muchas veces nuestro cliente nos hace un hueco en su agenda para poder atendernos, no podemos desperdiciarlo por llegar tarde. A veces tardamos semanas o meses en conseguir una entrevista, no podemos arruinarlo por no llegar a tiempo. Por norma debemos estar 10 minutos antes de cualquier entrevista.

D – Conocimiento del producto

Como es lógico debemos conocer a fondo las características del producto que vendemos y la compañía en la que trabajamos.

Esto nos ayudara a hacer una buena presentación de producto y a poder resolver muchas objeciones por parte del cliente.

E – Empatía

Es la única forma de saber las necesidades del cliente y entender bajo su misma perspectiva que es lo que necesitan de verdad.

F – Capacidad de comunicación

Es muy importante saber comunicarse con el cliente. Hablar su mismo idioma, sintonizar su mismo canal. En programación neurolingüística se aprende mucho sobre los canales de comunicación de nuestros clientes. (Si visitan nuestro blog www.mejoratusventas.es o se suscriben a él, en breve publicaremos un curso en video de PNL en Ventas que realmente es sorprendente.

G – Organización y planificación

Todo buen vendedor tiene su material de trabajo siempre ordenado (folletos, fichas de clientes, etc.)La buena planificación del día y la organización de los materiales de trabajo nos dan un aspecto de prolijidad y causan una buena impresión en nuestro cliente, además de optimizar el tiempo, que es muy valioso para nosotros.

Llevar una planilla con datos de nuestros clientes es muy importante, ya que si tenemos una base de datos de 200 clientes, por ejemplo no nos vamos a acordar de todas las características de las visitas, condiciones pactadas, próximas reuniones, motivos por los cuales no nos pudieron atender, etc.

H – Estar informado

Siempre debemos estar informados antes de salir a la calle por las mañanas, tómese cinco minutos para leer titulares de noticias o ver el noticiero.

Busque también noticias relacionadas con su sector que pueden influir en la venta de ese día o esa semana.

Capítulo 2

Preparación de entrevista

A – Presentación

Debemos presentarnos formalmente diciendo la empresa en la que trabajamos y dando nuestro nombre y apellido.

Cuando hacemos una llamada telefónica es importante al inicio de la conversación preguntar: ¿hablo con el número de teléfono xxxxxx? ¿Este número corresponde a la empresa xxxxxxx?

Con esto logramos pequeños estímulos positivos, los cuales son importantes a lo largo de una conversación.

Ya es sabido que generalmente el cliente tiene su cabeza en "NO" por eso es bueno ir logrando pequeños "SI" a lo largo de la entrevista o llamada telefónica.

B – Motivo

También debemos tener una técnica para dar a conocer el motivo de nuestra visita o llamada telefónica.

Generalmente describimos esto como una oportunidad para el cliente.

Ejemplo: He venido a enseñarle un proyecto porque creo es muy interesante y podrá ganar mucho dinero con él.

O hemos sacado un nuevo producto que le ahorrara un xx% lo que representa $ xxx.xx al año, y me pareció oportuno hacérselo saber.

Nunca diremos: HE VENIDO A VENDERLE....

Tanto en una llamada telefónica como en una conversación personal con nuestro cliente siempre debemos utilizar la técnica de la **Doble Alternativa.**

Los clientes deciden más rápido si pueden comparar entre dos alternativas.

Ejemplo: Cuando le queda bien que nos veamos, ¿el miércoles o el jueves?

Esos dos días no puedo, estoy muy ocupado.

Entonces le parece bien ¿el viernes o el lunes?

Mejor el lunes.

¿Por la mañana o por la tarde?

¿En su despacho o en mi oficina?

Etc.etc

C - Referencias.

Cuando es un nuevo cliente es conveniente que en nuestra presentación mencionemos referencias comerciales conocidas, si las tenemos.

Por ejemplo empresas con las que hace años que estamos trabajando o productos que tengan alguna característica como un premio o un consumo elevado o un reconocimiento, etc.

D – Calificación

Si nuestra empresa está bien calificada siempre es bueno mencionarlo, daremos cierta confianza a nuestro cliente.

Capítulo 3

Sondeo

El sondeo es una parte importante en nuestra entrevista de ventas.

Se trata de indagar mediante preguntas para encontrar la necesidad de compra de nuestro cliente.

Hay básicamente dos tipo de sondeo: abierto y cerrado.

A - Sondeo Abierto

Son las preguntas en las que el cliente se puede expresar acerca de sus problemas, inquietudes, necesidades, etc.

Son preguntas abiertas que generalmente no aceptan un "SI o un "NO" por respuesta.

Por ejemplo: ¿Qué le parece la presentación de nuestro producto? ¿Qué le llama la atención de nuestro servicio? Etc.

B – Sondeo Cerrado

Son preguntas que solo aceptan un "SI" o un "NO" por respuesta y generalmente como veremos más adelante se utilizan para tratar de cerrar la venta.

Po ejemplo: ¿Está satisfecho con su actual servicio? ¿Conoce los valores agregados de nuestro producto? Etc.

En la etapa de sondeo tenemos que tratar de recabar la mayor información posible de parte de nuestro cliente.

De esta forma podemos detectar alguna

debilidad donde hacer hincapié para colocar nuestro producto o alguna carencia para poder generar la necesidad de compra.

Capítulo 4

Manejo de objeciones

Las objeciones son básicamente las dudas que puede tener nuestro cliente para realizar la compra.

Siempre en una negociación de venta existen objeciones.

Existen dos tipos de objeciones, las fáciles y las difíciles.

A – Objeciones fáciles

Generalmente son la falta o necesidad de más información sobre el producto.

Esto ocurre porque nuestro cliente al igual que todas las personas, escucharan nuestra presentación, pero no atenderán el 100% de la misma.

Entonces se crean vacíos de información que no quiere decir que nos olvidamos de comentarlo sino que solamente el cliente lo ha pasado por alto o se le olvido o justo en ese momento estaba pensando en otra cosa.

Basta con preguntar sobre las dudas y volver a explicarlo otra vez o comunicarlo detalladamente.

B – Objeciones Difíciles

Son cuando el cliente quiere algo que nuestro producto no tiene o el producto tiene una característica que el cliente no quiere.

Frente a este tipo de objeciones lo mejor siempre es estar calmado, nunca polemizar con el cliente.

Ya veremos más adelante en los cierres de venta que a veces una objeción por más dura que sea se puede revertir con una pregunta de cierre y así lograr la venta, si nos exaltamos y discutimos con nuestro cliente, lo más probable es que tengamos la venta perdida. Ya que en ese caso la objeción pasa a ser el vendedor y entonces es casi imposible vender.

Muchas veces las objeciones no son reales, son un mecanismo de nuestro cliente para no decirnos la verdadera razón de no comprar.

Puede ser por un problema de liquidez económica, y a nuestro cliente no le agrada decirlo o simplemente porque está pensando en un familiar que está ingresado en el hospital enfermo etc.

Por eso es importante mantener la calma.

Por ejemplo: nuestro cliente se refiere con serias objeciones al precio de nuestro producto

Y alguna que otra virtud del producto de nuestra competencia sobre el nuestro.

Sobre esas objeciones como veremos en cierres, nosotros le decimos que le podemos hacer un descuento importante y financiarle el producto y además le garantizamos la fiabilidad de nuestro producto frente al de la competencia.

Todo esto obviamente con una pregunta de sondeo cerrado rebatiendo las objeciones

¿Si le hacemos un descuento importante y le financiamos la compra y además le garantizamos que nuestro producto es mejor que el de la competencia? ¿Hacemos el pedido?

Pregunta de cierre (sondeo cerrado) solo si o no por respuesta.

Rebatidas las objeciones, que pasa si el cliente nos dice: Mejor déjeme pensarlo.

Este es el caso donde hay una clara objeción escondida que el cliente no nos quiere decir.

Tenemos que seguir indagando con paciencia hasta llegar a la verdadera objeción.

Que puede ser por ejemplo: Es que esta semana intervienen a mi hijo pequeño y estoy pensando solo en eso, no puedo tomar una decisión en este momento.

Ahora es cuando sabemos la verdadera objeción de nuestro cliente, lo que hacemos es preguntar cuando intervienen a su hijo, lo anotamos y nos despedimos.

Pero no damos la venta por perdida, al día siguiente de la intervención, lo llamamos no para venderle sino para preguntarle cómo está su hijo.

Esto es una buena gestión de ventas, no darse por vencido, manejar las objeciones hasta saber e3xactamnente cales son de verdad, llevar anotaciones de nuestro cliente y nuestra entrevista, y llamarlo con empatía para preocuparnos por la salud de su hijo.

Difícilmente este cliente nos niegue una segunda entrevista.

Capítulo 5

Precio de producto

El costeo o precio de nuestro producto es importante pero no es lo más importante.

Para un vendedor profesional el precio de venta de su producto no es un inconveniente, ya que utiliza técnicas para alcanzar la venta sin depender del precio del mismo.

Si el precio es inferior en un producto de calidad igual o superior a nuestra competencia, puede ser una buena argumentación de venta por eso no se manejan precios hasta llegar a este punto de la entrevista.

Si hemos hecho una buena presentación de producto, el precio pasa a segundo ligar en importancia.

Primero están otras cosas como la fiabilidad de nuestra empresa, calidad de producto, garantías, servicio post venta, etc.

De todas formas en esta parte de nuestra entrevista debemos negociar las condiciones de venta.

Determinar el precio y

Ofrecer incentivos si los hubiera

Capítulo 6

Cierre de ventas

El cierre de ventas resulta ser una parte de la entrevista bastante complicada para muchos vendedores.

Creo firmemente que esto se debe a que no se aplican las técnicas adecuadas y algo muy importante en un cierre de ventas:

SIEMPRE LUEGO DE REALIZAR UNA PREGUNTA DE CIERRE:

GUARDAR SILENCIO Y ESPERAR LA RESPUESTA DEL CLIENTE

DESPUES DE UNA PREGUNTA DE CIERRE EL QUE HABLA PRIMERO

PIERDE

Aquí veremos los tipos de cierre más utilizados por los vendedores profesionales.

A - Cierre por doble alternativa

Como dijimos antes, el cliente tiene más facilidades para concretar la compra si tiene dos alternativas para comparar.

Siempre es conveniente tener dos alternativas para ofrecer al cliente.

Por ejemplo dos coches, o dos casas, dos productos similares o uno común y otro Premium, dos tipos de servicios, etc.

B – El Amarre

Con este cierre lo que pretendemos es lograr estímulos positivos en la mente del cliente.

Para esto colocamos lo siguiente al final de una frase:

¿Verdad?

¿No le parece?

¿No cree?

¿No es cierto?

¿Sí o no?

Siempre que realizamos estas preguntas, hacemos un pequeño gesto afirmativo con nuestra cabeza.

Ejemplos:

Ud. Se ahorraría mucho dinero contratando nuestros servicios, ¿verdad?

La posibilidad de tener un servicio de abastecimiento 24 horas le ayudaría mucho, ¿no cree?

La compra de nuestro producto, a largo plazo será una inversión muy rentable, ¿no le parece?

Con esto logramos muchos estímulos positivos de parte del cliente y estando atentos será mucho más fácil cerrar.

C – El Amarre Invertido

Misma técnica del amarre pero las palabras se colocan al principio formulando una pregunta.

¿Es verdad que...?

¿Ud. No cree que...?

¿No le parece que...?

Al utilizar diferentes palabras y cambiarlas de lugar el cliente no detecta que esto es una técnica, entonces podemos usar las dos técnicas alternadas y obtendremos muchos estímulos positivos.

D – El Puerco Espín

Consiste en contestar a una pregunta con otra, utilizando el mismo argumento del cliente.

Por ejemplo:

Cliente: ¿Realmente subirá el precio de este piso en 5 años?

Vendedor: ¿realmente te gustaría que subiera el precio de este piso en 5 años?

Siempre buscar que el SI, lo diga el cliente.

Siempre buscar estimulo positivo

E – El Cierre Evolvente

Envolvemos al cliente con preguntas que este olvida que son conceptos importantes.

Por ejemplo:

¿Lo hace solo por usted o también por sus hijos?

¿Lo disfrutara solo usted o alguien más de su familia?

¿La compra de este producto seria para su disfrute o también será una inversión a largo plazo para sus hijos?

D – Cierre Por Compromiso

Intercambiar compromiso por objeción.

Por ejemplo frente a una objeción de gastos mensuales de mantenimiento del producto, podemos decir:

¿Si yo me comprometo a probarle que los gastos no exceden de $ xxx al mes, firmamos el jueves o el viernes por la tarde?

Nos comprometemos a probar la objeción del cliente y hacemos un sondeo cerrado con doble alternativa.

E – Cierre Benjamín Franklin

Esta es una técnica de cierre que da mucho resultado cuando tenemos una venta casi perdida o perdida.

Lo que hacemos es lo siguiente:

Cuando un cliente nos pone una objeción que es muy difícil de rebatir o que nosotros pensamos que no es la verdadera objeción.

Cogemos nuestras cosas con calma, ordenamos nuestros papeles, comenzamos a guardar todo en nuestra carpeta o portafolio y justo en el momento antes de retirarnos, le acercamos a nuestro cliente una hoja divida en dos columnas, en las cuales tenemos en la primer columna a la izquierda las razones por las que debe comprar nuestro producto y en la segunda columna a la derecha las razones por las que no.

Llenamos la primera columna con todos los beneficios de nuestro producto que hemos detallado en la presentación, que deberían ser no menos de seis o siete, cuantos más mejor.

Pasamos la hoja a nuestro cliente y le pedimos que nos llene la columna de la derecha explicando cuales son las razones por las que no compraría el producto.

Si fuera necesario hacemos un poco de tiempo, podemos ir al lavabo o a tomar un vaso de agua etc. Y volvemos con nuestro cliente para saber que ha puesto en la hoja.

Seguramente no ha puesto nada o ha puesto una o dos cosas frente a seis o siete que habíamos anotado nosotros.

Aquí tenemos una buena razón para volver a explicar las dudas que apunto nuestro cliente, o saber realmente cual es la verdadera objeción y volver otro día a continuar la negociación que ya teníamos perdida.

Este proceso descrito anteriormente es el desarrollo más normal de una gestión de ventas, lo que no quiere decir que por diferentes motivos, se pueda obviar algún paso e ir directamente al cierre.

El vendedor profesional siempre en el transcurso de la entrevista está buscando el cierre.

Es verdad que es muy difícil cerrar sin que el cliente conozca los beneficios de nuestro producto, pero llegado ese punto siempre hay que estar intentando cerrar.

Es muy importante estar atento y no tener miedo.

Hay vendedores que no se atreven a cerrar una venta, hacen una pregunta de cierre y siguen hablando sin dejar responder al cliente, no se atreven a coger el formulario de pedido o el contrato y comenzar a llenarlo con los datos del cliente, etc.

Si el cliente nos da estímulos positivos tenemos que tratar de cerrar la venta de lo contrario se enfriara y ya no será posible cerrar.

Tengan en cuenta que en una entrevista de ventas de media hora, el punto más alto de interés por parte del cliente será más o menos en la mitad de la entrevista, y luego decae.

Ante el intento de cierre si el cliente nos objeta algo o nos hace una pregunta, respondemos y empezamos otra vez a intentar cerrar.

Como vendedores tienen que tener en cuenta que la gente capaz de tomar decisiones importantes en el mundo es muy poca, la mayoría necesita un pequeño empujón, una pequeña ayuda.

Como decía al principio del libro si tenemos la política de ventas de ganar-ganar, sabemos que nosotros estaremos ganando al vender y el cliente también estará ganando al comprar nuestro producto.

Debemos hacer clientes para toda la vida, que sean fieles a nuestros productos y a nuestra compañía y eso solo se consigue con empatía y generando una necesidad de compra asociada a una emoción.

No hay nada más placentero para un vendedor que ver como su cliente pone su firma en el pedido o en el contrato, y lo hace con satisfacción.

Poned en práctica estas sencillas técnicas y veréis como es más fácil de lo que parece.

Capítulo 7

Referidos

Al llegar al final de una entrevista de ventas es muy importante pedirle al cliente que nos facilite el nombre y teléfono de contacto de por lo menos dos personas, a las cuales les pueda interesar alguno de nuestros productos o servicios.

Con esto logramos incrementar nuestra cartera de clientes y al ser referidos de una persona conocida en común, podemos presentarnos en nombre de nuestro cliente para realizar una visita de ventas

Esto lo debemos realizar hayamos vendido o no.

Por eso es importante mantener una buena relación con nuestro cliente aunque no cerremos la venta, porque nos puede pasar referidos muy importantes a los cuales si podemos vender.

Con esto hemos llegado al final de este pequeño manual de Técnicas Profesionales de Venta.

Desde ya agradecerles vuestra lectura y deciros que los espero en nuestro blog donde estaremos publicando información sobre Motivación, Liderazgo; PNL y Trabajo en grupo.

Muchas gracias por vuestra atención

Y Felices Ventas ¡¡¡

www.mejoratusventas.es